GÂTEAUX

Denis POUTOT

OPEASI
CH-LUCERNE

✕	préparation très simple
✕✕	préparation facile
✕✕✕	préparation élaborée
○	peu coûteuse
○○	raisonnable
○○○	chère

Plat auréolé d'une douceur quasi sensuelle, présenté traditionnellement à la fin du repas, le terme de « gâteau » évoque immédiatement des souvenirs gourmands d'enfance. Le gâteau a toujours attiré les enfants de ses parfums issus de préparations effectuées avec tendresse par la Mère ou la Grand-Mère.

Servir un gâteau, c'est donner un air de fête au repas, mais c'est aussi une façon de faire plaisir. Le gâteau ne laisse pas insensible ; il suffit de voir ses effets sur les convives. En effet, il excite la vue par sa présentation et ses couleurs, il déclenche une salivation de bon aloi, il monopolise l'attention des plus petits, il exhale une délicate odeur, bref, il est capable de transformer l'ordinaire en un moment merveilleux…

« Oh ! le beau gâteau… » s'exclament tous les gourmands, en applaudissant parfois. Et que dire de la satisfaction réelle de la femme, de la Maman qui a préparé et décoré le dessert destiné à toute la famille ?

Symboles souvent associés à l'idée de récompense, de joie et de fête, les gâteaux sont des préparations qui jalonnent notre vie :

– le gâteau d'anniversaire : coloré et décoré

– les gâteaux régionaux qui accompagnent les coutumes : galette bretonne, kougelhopf…

– les gâteaux des fêtes religieuses : bûche de Noël, gâteau de Pâques…

Il est également fort agréable d'apprécier un bon gâteau à n'importe quelle heure de la journée ; que ce soit entre les repas ou pour terminer un menu ordinaire.

Les pâtes, les crèmes et les appareils sont les bases essentielles de la pâtisserie et donc de la confection des gâteaux ; les ingrédients entrant dans leur composition sont souvent identiques et peu variés. Mais toutes ces préparations se distinguent les unes des autres grâce aux tours de main spécifiques et si caractéristiques de l'art de la pâtisserie.

On utilise une pâte brisée ou à foncer, une pâte sucrée ou une pâte feuilletée, une pâte à génoise ou à biscuit, une pâte à choux quand ce n'est pas une pâte à brioche. Les pâtes varient selon les recettes.

La cuisson s'effectue le plus souvent dans un cercle en métal qui imprime la forme, mais elle peut aussi se faire à plat, la découpe et le montage s'effectuant à posteriori.

La confection ne présente généralement pas de difficultés majeures. La forme est le plus souvent ronde, toutefois on peut confectionner des préparations carrées, rectangulaires, en forme de fleur, des grands gâteaux, des pièces individuelles, des réductions.

PÂTE BRISÉE

Préparation : 15 min - Repos : 30 min **Pour 500 g environ**

250 g de farine de blé / 125 g de beurre / 5 g de sel fin (20 g par kilo de farine) / 20 g de sucre (facultatif).

Disposer la farine sur la table ou dans un saladier. Ajouter le beurre ramolli détaillé en petits morceaux. Du bout des doigts, mélanger et incorporer le beurre à la farine. Cesser dès que le beurre est intimement intégré à la farine. Faire une fontaine, placer au centre sel, sucre, jaunes d'œufs et 8 à 10 cl d'eau. Mélanger tous les ingrédients sauf la farine que l'on incorporera ensuite petit à petit. Rassembler l'ensemble en évitant de donner du corps, ce qui rend la pâte élastique. Rassembler en boule, l'envelopper dans un papier film et laisser reposer au frais pour lui faire perdre son élasticité.

La pâte brisée doit cuire à four chaud, à 210 °C (th. 7) pour les pâtes cuites à blanc ; pour les pâtes cuisant avec la garniture, la température idéale se situe aux alentours de 190 °C afin que la chaleur puisse bien pénétrer sans brûler l'extérieur.

La particularité de cette pâte réside dans une structure friable. On évitera de la travailler et il est impératif de la pétrir le moins possible.

PÂTE SABLÉE OU SUCRÉE

Préparation : 15 min - Repos : 30 min **Pour 500 g environ**

250 g de farine / 3 g de sel / 100 g de sucre / 3 jaunes d'œufs / 150 g de beurre.

Disposer la farine en fontaine sur la table ou dans un saladier. Placer au centre le sel, le sucre, les jaunes d'œufs et le beurre ramolli. Mélanger tous les ingrédients sauf la farine que l'on incorpore ensuite petit à petit. Homogénéiser l'ensemble en évitant de donner du corps, ce qui rend la pâte élastique. Rassembler en une boule, l'envelopper dans un papier film et laisser reposer en atmosphère fraîche pour lui faire perdre son élasticité.

Cuisson : du fait de sa richesse en sucre et en jaunes d'œufs, elle se cuit à four modéré, à 180 °C (th. 6), ce qui permet d'obtenir une coloration dorée claire.

Plus friable que la pâte brisée du fait de la plus forte proportion de jaunes d'œufs et de sucre.

CUISSON À BLANC

Les fonds de tarte qui ne sont garnis qu'après cuisson (cuits à blanc) sont piqués à la fourchette, recouverts de papier sulfurisé ou d'aluminium, puis remplis avec des lentilles, haricots secs..., ce qui évite à la pâte de se boursoufler à la cuisson, aux bords de s'affaisser. Cela permet de conserver l'aspect.

Quelques conseils pour éviter le ramollissement rapide des fonds cuits à blanc :

En fin de cuisson, étendre au pinceau, sur le fond de tarte encore chaud, une bonne couche de dorure constituée d'œuf entier battu.

PÂTE FEUILLETÉE

Préparation : 1 h - Repos : 55 min

Pour 700 g environ

300 g de farine type 45 / 5 g de sel / 230 g de beurre fin ou de margarine spécial feuilletage.

Disposer la farine en fontaine. Placer au centre le sel et 1,5 dl d'eau. Incorporer rapidement la farine. Réunir la pâte en une boule homogène sans trop la travailler. Laisser reposer 15 minutes au frais, enveloppé d'un papier film.

Travailler le beurre ou la margarine pour obtenir un rectangle épais de 2 cm de la même consistance que la détrempe.

Sur la table farinée, étendre la détrempe en lui donnant la forme d'une croix épaisse en son centre. Brosser la farine. Enfermer la matière grasse en rabattant les coins de pâte dessus un par un. Étaler le pâton en un rectangle bien régulier d'1 cm d'épaisseur et 3 fois plus long que large, soit environ 15 x 45-50 cm. Brosser la farine et plier en 3. Cela forme un carré à 3 étages.

Tourner le pâton d'un quart de tour pour mettre l'ouverture à droite (vous avez donné un tour) et étaler à nouveau 15 x 45 cm sur 1 cm d'épaisseur. Brosser à nouveau, plier en 3 et envelopper. Laisser reposer durant 20 minutes (vous avez donné 2 tours).

La pâte feuilletée s'effectue en trois séries de 2 tours avec un repos de 15 à 20 minutes tous les 2 tours. À l'issue des 6 tours, la pâte feuilletée est prête à l'emploi. On l'étale une dernière fois et on la détaille.

Ces proportions suffisent pour une préparation où une seule abaisse de pâte est nécessaire : tarte en bande, pie... Dans le cas d'une préparation comportant deux abaisses de feuilletage, il convient de majorer ces proportions et de prévoir 400 g de farine.

PÂTE À CHOUX

Préparation : 20 min **Pour 20 pièces**

5 g de sel / 10 g de sucre semoule / 80 g de beurre / 150 g de farine tamisée / 3 ou 4 œufs de 55-60 g + 1 œuf pour la dorure.

Réunir dans une casserole 1/4 l d'eau, le sel, le sucre, le beurre en petits morceaux. Porter le tout à ébullition et veiller à obtenir simultanément la fusion du beurre et l'ébullition. Retirer du feu et verser la farine en une fois en remuant rapidement avec une spatule en bois et rassembler les ingrédients.

Si la pâte adhère aux bords, remettre sur le feu et dessécher quelques secondes en remuant toujours.

Hors du feu, et si possible dans un autre récipient, incorporer alors les œufs un par un puis vérifier la consistance de la pâte qui ne doit pas être trop liquide ou trop épaisse.

PÂTE À GÉNOISE

Préparation : 20 à 25 min **Pour 2 génoises de 16 cm de diamètre**

4 œufs de 55-60 g / 125 g de sucre semoule / 125 g de farine tamisée / 60 g de beurre fondu tiède (facultatif).

Casser les œufs dans un saladier. Ajouter le sucre. Fouetter et monter « au ruban » au bain-marie, c'est-à-dire que l'ensemble mousse, gonfle, blanchit et s'écoule du fouet en un ruban de pâte large de 2 cm.

Refroidir en fouettant toujours puis adjoindre par petites quantités à la fois la farine tamisée en remuant cette fois avec une spatule pour « couper » l'appareil, en prenant du centre de la préparation vers le bord et en faisant tourner le saladier. Ajouter alors le beurre fondu, ce qui donnera plus de moelleux à la génoise. Toutefois, cette opération est facultative selon la destination du biscuit.

Remplir des moules beurrés et farinés au préalable, aux deux tiers de la hauteur et cuire à four doux, à 160 °C (th. 5-6), 35 à 40 minutes pour un moule de 8 personnes.

Démouler en retournant le moule sur une grille fine ou un linge : la vapeur contenue dans la génoise monte alors et décolle le moule sans dommage pour la présentation.

Utiliser ensuite selon les besoins de la recette.

Cette pâte donne du volume car le sucre et les œufs sont mélangés et battus au fouet, ce qui fait mousser le mélange, emmagasinant ainsi un volume d'air qui lève la pâte à la cuisson avant qu'elle ne soit figée par la chaleur.

BISCUIT DE SAVOIE

Préparation : 20 min

Pour 2 biscuits de 16 cm de diamètre

5 œufs de 55-60 g / 125 g de sucre semoule / 125 g de farine tamisée ou 80 g de farine et 50 g de fécule ou d'amidon de maïs.

Casser les œufs. Réserver les blancs. Mettre 4 jaunes dans un saladier, ajouter 100 g de sucre et une cuillerée à soupe d'eau tiède. Fouetter et monter « au ruban », c'est-à-dire que l'ensemble mousse, gonfle, blanchit et s'écoule du fouet en un ruban de pâte large de 2 cm.

Monter les 5 blancs d'œufs en neige très ferme au fouet électrique. Ajouter le reste de sucre.

Adjoindre aux jaunes, par petites quantités à la fois, la farine et la fécule tamisées ensemble, de même que les blancs d'œufs, en remuant cette fois avec une spatule pour « couper » l'appareil en prenant du centre de la préparation vers le bord et en faisant tourner le saladier.

Remplir des moules beurrés et farinés au préalable, aux deux tiers de la hauteur et cuire à four doux, à 160 °C (th. 5-6), 35 à 40 minutes pour un moule pour 8 personnes.

Démouler en retournant le moule sur une grille fine ou un linge ; la vapeur contenue dans la génoise monte alors et décolle le moule sans dommage pour la présentation.

Utiliser ensuite selon les besoins de la recette.

Préparation quasi identique à la génoise, sauf que le biscuit se monte à froid.

Cette pâte se cuit en moule mais aussi à plat, pour un biscuit roulé par exemple.

CRÈME PÂTISSIÈRE

Préparation : 20 min - Repos : 30 min **Pour 1,5 l**

1 l de lait / 1 gousse de vanille / 8 jaunes d'œufs / 200 g de sucre / 110 g de farine / Sucre glace.

Faire chauffer le lait avec la gousse de vanille.

Pendant ce temps, mélanger les jaunes d'œufs et le sucre, adjoindre ensuite la farine par petites quantités. Mélanger bien le tout.

Verser sur l'ensemble le lait bouillant, fouetter et remettre dans une casserole, sur le feu, en remuant. La crème doit bouillir au moins 1 minute.

Au terme, débarrasser pour refroidir.

Éventuellement, saupoudrer de sucre glace pour éviter la formation d'une peau.

On parfume toujours la crème pâtissière à froid quand on utilise un alcool, une liqueur.

Aujourd'hui, on trouve sur le marché des produits qui remplacent avantageusement les préparations traditionnelles. Dans le cas de la crème pâtissière, les préparations toutes prêtes sont très intéressantes. La mise en œuvre se fait en suivant le mode d'emploi, parfois différent selon le fabricant.

Il existe des préparations à chaud, c'est-à-dire qui sont chauffées, et des préparations à froid : on ajoute le lait froid sur la poudre. Il est préférable d'utiliser les préparations à chaud.

CRÈME CHIBOUST

Préparation : 30 min - Repos : 40 min **Pour 1,3 l**

Meringue italienne : *375 g de sucre / 6 blancs d'œufs.*
Crème pâtissière : *1/2 l de lait / 120 g de sucre / 6 jaunes d'œufs / 60 g de farine / 4 feuilles de gélatine.*

Confectionner la meringue italienne : dans une casserole, mettre à cuire le sucre et 4,5 cl d'eau jusqu'à la cuisson dite « au boulé ». Le sucre forme alors une boule molle lorsque l'on trempe une goutte de sucre dans l'eau froide.

Verser lentement sur les blancs d'œufs battus en neige ferme. Continuer de battre et refroidir l'appareil.

Adjoindre à la crème pâtissière chaude les feuilles de gélatine ramollies à l'eau froide et essorées. Ajouter la meringue italienne. Mélanger.

Cette crème doit se consommer dans les 2 heures après sa confection.

CRÈME D'AMANDES

Préparation : 10 min - Repos : 15 min **Pour 5 dl env.**

120 g de beurre / 120 g de sucre / 120 g d'amandes en poudre / 25 g de farine / 2 œufs de 55-60 g / 2 cl de rhum / Quelques gouttes de vanille liquide.

Travailler le beurre en pommade onctueuse, incorporer le sucre, les amandes et la farine progressivement. Ajouter les œufs un par un. Mélanger. Finir par le rhum et la vanillc. Réserver 15 minutes au frais, couvert d'un papier film.

Il est possible de remplacer le rhum par une liqueur ou un alcool de son choix : kirsch, Cointreau, Grand Marnier, Bénédictine, alcool de framboise... Certaines recettes proposent de remplacer la farine par une petite quantité de crème pâtissière afin de rendre la crème d'amandes plus légère.

CRÈME FRANGIPANE

Préparation : 15 min - Repos : 30 min **Pour 8 dl env.**

50 cl de lait / 100 g de sucre / 4 jaunes d'œufs / 55 g de farine / 50 g de poudre d'amande / 25 g de macarons écrasés / 25 g de beurre.

Préparer une crème pâtissière (p. 8) avec les ingrédients ci-dessus et refroidir.

Ajouter à froid la poudre d'amande, les macarons écrasés et le beurre fondu. Mélanger délicatement à la spatule. Débarrasser et réserver au frais.

CRÈME MOUSSELINE

Préparation : 30 min - Repos : 30 min **Pour 1 l env.**

1/2 l de lait / 4 jaunes d'œufs / 120 g de sucre / 80 g de farine / 1 gousse de vanille / 250 g de beurre.

Préparer une crème pâtissière (p. 8). Après cuisson, hors du feu, incorporer la moitié du beurre. Bien mélanger. Refroidir rapidement. Saupoudrer de sucre glace pour éviter le croûtage.

Après refroidissement, battre la crème en lui incorporant l'autre moitié du beurre réduit en pommade. Monter au fouet jusqu'à obtention d'une crème lisse et homogène.

AMANDINES

Préparation : 20 min - Cuisson : 20 min

400 g de pâte brisée sucrée ou sablée (p. 4) / 500 g de crème d'amandes (p. 9) / 50 g d'amandes hachées et légèrement grillées / 50 g de confiture d'abricots.

Beurrer 8 moules à tartelettes. Étaler la pâte pas trop fine et foncer les moules.

Garnir chaque moule de la crème d'amandes puis lisser la surface au ras du moule. Saupoudrer d'amandes hachées. Cuire à 200-220 °C (th. 6-7), pendant 20 minutes environ.

Lustrer après cuisson, au pinceau, avec de la confiture d'abricots bouillante légèrement détendue d'eau.

BABA AU RHUM

Préparation : 30 min - Cuisson : 35-40 min (gros) - 25-30 min (individuels)

Pâte à baba : *10 g de levure de boulanger / 5 cl de lait tiède / 250 g de farine / 3 œufs entiers de 55-60 g / 5 g de sel / 20 g de sucre en poudre / 30 g de raisins de Corinthe / 30 g de raisins de Smyrne / 150 g de beurre / 15 cl de rhum / Nappage abricot / Fruits confits.*

Sirop pour tremper : *150 g de sucre / 1 dl de rhum.*

Dans une bassine, délayer la levure dans le lait. Ajouter la farine et les œufs puis le sel, le sucre en veillant particulièrement à ne pas les mettre en contact direct avec la levure. Travailler énergiquement l'ensemble pour bien mélanger puis adjoindre les raisins de Corinthe et de Smyrne. Mélanger puis verser dessus le beurre fondu tiède sans l'incorporer.

Disposer cette pâte, à couvert, dans une étuve à 30-35 °C jusqu'à ce que le corps gras placé au centre soit descendu au fond de la bassine et que la pâte ait doublé de volume.

Travailler ensuite énergiquement et mouler à la main. Remplir des petits moules spéciaux à baba ou un grand moule, bien beurré, jusqu'à la moitié du moule. Faire pousser en étuve à 30-35 °C jusqu'à ras bord. Cuire à four modéré à 180 °C (th. 6). La cuisson doit être longue pour que les babas conservent une belle couleur dorée. Laisser refroidir avant de démouler, le moule à l'envers.

Sirop à baba : verser dans une casserole 3 dl d'eau et le sucre. Porter à ébullition. Ajouter le rhum.

Poser la croûte du baba contre le sirop et appuyer, enfoncer le baba, arroser de sirop chaud à l'aide d'une louche. Poser le baba sur une grille et égoutter. Arroser ensuite de rhum pur et lustrer au pinceau avec du nappage abricot bouillant. Décorer sobrement avec des fruits confits.

Dresser les babas dans des petites coupelles ou, à défaut, sur des petites assiettes, et servir.

Rivières
1980

BISCUIT AUX NOIX

Préparation : 40 à 50 min - Cuisson : 30 à 35 min

Biscuit : *125 g de farine / 2 g de levure chimique / 150 g de cerneaux de noix hachés fins / 4 œufs / 125 g de sucre semoule / 3 cl de café fort / Quelques gouttes de vanille liquide / 25 g de beurre fondu.*

Crème au café : *25 cl de lait / Quelques gouttes d'extrait de café ou 1 cuil. à café de café soluble / 2 œufs / 50 g de sucre / 30 g de farine / 200 g de beurre.*

Finition : *200 g de chocolat noir / 2 dl de crème fraîche.*

Décor : *50 g de cerneaux de noix hachés moyen / 25 g de cerneaux de noix.*

Graisser un moule à manqué de 24 cm de diamètre.

Tamiser la farine et la levure ensemble. Mélanger avec la poudre de noix.

Battre les œufs, le sucre et le café au fouet électrique. Le mélange mousse et double de volume. Ajouter alors progressivement le mélange farine-levure-noix en soulevant bien à la spatule le mélange pour qu'il ne s'affaisse pas. Terminer par l'extrait de vanille et le beurre fondu.

Mouler et cuire à four doux à 160 °C (th. 5-6) durant 30 à 35 minutes puis démouler sur grille et refroidir.

Préparer la crème au café : faire bouillir le lait avec le café. Travailler au fouet les œufs et le sucre au ruban. Ajouter la farine. Mélanger puis verser le lait bouillant en une seule fois. Mélanger au fouet et épaissir sur feu en remuant constamment. Laisser bouillir 30 secondes et ajouter la moitié du beurre. Remuer bien jusqu'à ce qu'il soit fondu et laisser refroidir.

Travailler au fouet le restant du beurre,le réduire en pommade puis l'incorporer peu à peu dans la crème au café froide, en continuant de fouetter pour la rendre légère.

Crème ganache : couper le chocolat en morceaux réguliers et pas trop gros. Faire bouillir la crème fraîche et la verser bouillante sur le chocolat. Mélanger à la spatule pour obtenir un mélange lisse.

Couper le biscuit en trois dans l'épaisseur. Fourrer avec la crème au café. Reformer le biscuit puis le napper de crème ganache fondue mais pas chaude. Lisser la surface à la spatule et laisser la crème s'écouler sur les bords. Faire adhérer les noix hachées sur les bords et décorer le dessus avec les cerneaux réservés.

BISCUIT ROULÉ AU CITRON

Préparation : 45 min - Cuisson : 15 min

Crème au citron : *300 g de sucre semoule / 120 g de jaunes d'œufs / 2 g de zeste de citron / 330 g de beurre / 120 g de jus de citron.*

Biscuit roulé : *4 œufs / 125 g de sucre semoule / 80 g de farine / 45 g d'amidon de maïs.*

Crème au citron : mettre tous les ingrédients dans une casserole et chauffer à feu doux au départ, en travaillant avec le fouet, puis augmenter la chaleur et faire bouillir jusqu'à ce que la masse se détache de la casserole. Verser dans un récipient, étaler et laisser refroidir.

Biscuit : monter au fouet électrique les œufs et le sucre jusqu'à obtention d'une masse légère et aérée qui augmente de volume : la pâte fait le ruban. Verser en pluie, ensemble, la farine et l'amidon de maïs. Bien mélanger l'appareil en tournant sans faire retomber la pâte.

Étaler sur une plaque recouverte d'une feuille de papier cuisson légèrement graissée et cuire à four chaud, à 210 °C (th. 7), durant 10 minutes environ. Retirer lorsque la pâte est cuite mais pas trop colorée ni sèche, et renverser sur la table.

Au bout de quelques instants, retirer le papier de cuisson qui doit se décoller alors sans difficulté, par la vapeur. Travailler la crème au fouet pour l'alléger. Napper la plaque de biscuit, côté coloré, de la crème au citron et rouler aussitôt le biscuit. Enserrer dans un linge propre pour lui conserver la forme roulée.

Au moment de servir, ôter le linge, saupoudrer de sucre glace et marquer des croisillons caramélisés à l'aide d'une lame chauffée au rouge sur la flamme.

Présenter entier ou découpé en tranches.

BONHOMME BRIOCHE

Préparation : 30 min - Cuisson : 40 min

250 g de farine / 10 g de levure / 5 cl de lait / 5 g de sel / 25 g de sucre / 3 œufs de 55-60 g + 1 œuf pour la dorure / 125 g de beurre.

Préparer une pâte à brioche (p. 49) avec les ingrédients ci-dessus.

Fariner le plan de travail. Partager la pâte en deux parties : une petite boule et une grosse, soit un tiers-deux tiers. Rouler dans la paume de la main la petite boule pour rendre la pâte bien homogène. Faire de même avec la grosse boule, puis l'ovaliser.

Avec un couteau, entailler la partie supérieure de part et d'autre à environ 5-6 cm et en biais sur 1 cm d'épaisseur pour représenter les bras du personnage. Écarter légèrement du reste du corps. Dans la partie inférieure de la pâte, représenter les jambes en coupant en deux la pâte sur 5-6 cm et écarter les deux parties. Assembler la tête et le corps avec un peu de dorure et disposer sur une plaque de cuisson. Laisser lever à une température tiède puis lorsque la pâte est suffisamment levée, dorer à l'œuf. Cuire au four à 180-200 °C (th. 6-7), 25 à 30 minutes.

Dresser sur plat.

BRIOCHE TRESSÉE

Préparation : 20 min - Fermentation : 2 h - Cuisson : 30 à 35 min

Pâte à brioche : *250 g de farine / 10 g de levure / 5 cl de lait / 5 g de sel / 25 g de sucre / 3 œufs de 55-60 g / 125 g de beurre.*

1 œuf pour la dorure.

Préparer une pâte à brioche (p. 49) avec les ingrédients ci-dessus.

Fariner le plan de travail.

Partager la pâte à brioche en deux parties égales. Étaler sur la table la pâte en un rectangle de 8 cm sur 12 cm environ, sur une épaisseur d'1 cm. Tailler au couteau, à 1 cm du bord supérieur, et fendre tout le long, en espaçant les entailles de 2 à 3 cm. Obtenir 3 bandes non détachées et reliées par le haut. Rabattre les bandes les unes sur les autres en les croisant bien et commencer la tresse.

Poser sur une plaque de cuisson et laisser lever à une température tiède. Dorer à l'œuf et cuire au four à 180-200 °C (th. 6-7), 25 à 30 minutes environ.

BÛCHE À L'ARMAGNAC ET AUX MARRONS

Préparation : 45 min - Cuisson : 15 min - Réfrigération : plusieurs heures

Biscuit : *4 œufs de 55-60 g / 120 g de sucre / 60 g d'amidon de maïs / 120 g de poudre d'amande / 80 g de beurre.*

Garniture : *4 feuilles de gélatine / 25 cl de crème liquide / 450 g de crème de marrons vanillée / 5 cl d'armagnac.*

Sauce caramel : *400 g de sucre semoule / 3,5 dl de crème liquide.*

Biscuit : battre les jaunes d'œufs et le sucre au fouet. Blanchir. Adjoindre l'amidon de maïs et la poudre d'amande. Remuer. Monter les blancs en neige ferme et les incorporer délicatement. Terminer par le beurre fondu tiède.

Étaler la préparation à biscuit sur une feuille de papier sulfurisé beurrée et farinée et cuire à four chaud, à 200 °C (th. 6-7), durant 15 minutes environ, sans coloration ni séchage exagérés : le biscuit doit rester moelleux.

Sortir et retourner sur un tissu afin de décoller le papier par la vapeur du biscuit. Rouler le tout, papier vers l'extérieur, et refroidir rapidement au réfrigérateur et au congélateur.

Tremper la gélatine dans l'eau froide pour la ramollir. Fouetter la crème liquide pour la monter. Essorer et chauffer à feu doux la gélatine dans une petite casserole pour la faire fondre. Adjoindre une petite quantité de crème de marrons. Faire bouillir l'ensemble puis le verser en fouettant dans le reste de crème de marrons froide. Remuer. Mélanger la crème de marrons et l'armagnac. Adjoindre la crème fouettée et faire refroidir.

Dérouler le biscuit froid, ôter le papier, garnir d'une couche avec la préparation à base de crème de marrons. Rouler à nouveau l'ensemble et dresser sur un plat. Couper les extrémités en biais pour l'aspect, masquer la surface avec le reste de mousse de marrons et strier la surface avec les crans d'un couteau-scie. Refroidir pour figer l'ensemble.

Sauce caramel : chauffer le sucre à sec dans une casserole sur feu moyen en remuant doucement avec une spatule. Le sucre s'échauffe, fond et prend progressivement une teinte brune. Mélanger doucement en écrasant les grumeaux de sucre et en veillant à ne pas brûler le caramel. Lorsque la teinte est conforme à vos attentes, stopper la cuisson en trempant le récipient dans de l'eau froide quelques secondes puis verser la crème fraîche délicatement et sans précipitation, en une fois, dans le caramel encore chaud. Bien mélanger sur le feu, donner un bouillon pour bien dissoudre le sucre puis verser dans un récipient et refroidir.

Sortir la bûche, disposer sur un plat. Servir avec la sauce caramel bien froide.

CAKE AUX FRUITS CONFITS

Préparation : 20 min - Cuisson : 45 à 50 min

160 g de beurre / 160 g de sucre / 3 ou 4 œufs de 55-60 g / 270 g de farine / 5 g de levure chimique / 200 g de fruits confits hachés / 50 g de cerises confites / 2 zestes d'oranges non traitées / 5 cl de Grand Marnier cordon jaune.

Préparer le moule à cake en l'habillant d'une feuille de papier sulfurisé, en la faisant dépasser de quelques centimètres.

Travailler le beurre en pommade au fouet jusqu'à l'obtention d'une crème onctueuse. Ajouter le sucre, fouetter à nouveau et incorporer les œufs un à un. Ajouter alors la farine tamisée avec la levure chimique et mélanger à la spatule. Incorporer les fruits confits macérés au Grand Marnier.

Verser la pâte dans le moule, lisser. Placer dans le four préchauffé à 220 °C (th. 7-8) pendant 10 minutes puis baisser la température à 170 °C (th. 5-6) durant 40 minutes environ.

Sortir, retourner le moule et démouler.

Présenter sur un plat, en tranches pour faire apparaître les fruits confits.

CAKE MARBRÉ

Préparation : 20 min - Cuisson : 45 à 50 min

250 g de beurre / 400 g de sucre semoule / 6 œufs / 400 g de farine / 6 g de levure chimique / 80 g de cacao en poudre / 1 dl de lait / Parfum : vanille liquide, zeste de citron râpé.

Travailler le beurre en pommade à l'aide d'un fouet, jusqu'à l'obtention d'une crème onctueuse. Ajouter le sucre et fouetter pour l'incorporer. Ajouter les œufs un par un, adjoindre la farine tamisée avec la levure chimique en mélangeant avec une spatule en bois.

Prélever une petite partie de pâte, y incorporer le cacao en poudre dilué avec le lait. Parfumer l'autre partie avec la vanille et le citron.

Garnir un moule à cake préalablement doublé d'un habillage en papier sulfurisé beurré, en versant alternativement de la pâte à la vanille et de la pâte au chocolat. Cuire à four moyen, à 170 °C (th. 5-6), durant 45 à 50 minutes. Vérifier la cuisson.

Sortir. Retourner le moule et démouler.

Présenter sur un plat, en tranches pour faire apparaître les colorations marbrées de la pâte.

CHAUSSONS AUX POMMES

Préparation : 40 min - Cuisson : 40 min

700 g de pâte feuilletée (p. 5) / 1 œuf battu / 30 g de sucre.
Compote de pommes : *1 kg de pommes / 220 g de sucre semoule / 5 cl de calvados.*

Éplucher les pommes, les couper en quartiers, éliminer les pépins et le péricarpe. Disposer dans une casserole avec 1 dl d'eau et le sucre. Couvrir et cuire en veillant à ne pas laisser attacher et faire réduire la plus grande partie du liquide. À l'issue de la cuisson, passer au moulin à légumes, ajouter le calvados et mettre à refroidir.

Étendre la pâte feuilletée en un rectangle de 25 x 30 cm. Veiller surtout à ne pas étendre trop mince, une épaisseur de 3 mm est à recommander. Découper des ronds à l'emporte-pièce. Étaler et ovaliser légèrement au rouleau pour obtenir des ovales de 18 cm de longueur, plus épais aux extrémités. Passer la dorure sur le pourtour. Poser, à la cuillère, une grosse noix de compote de pommes froide au milieu. Rabattre le dessus et bien souder en appuyant légèrement avec les doigts.

Disposer sur une plaque à four légèrement mouillée. Dorer avec un pinceau chaque chausson en veillant à ne pas mettre de dorure sur la plaque. Prendre un petit couteau et rayer la surface. Dessiner des nervures ou des croisillons.

Enfourner les chaussons après un repos d'une dizaine de minutes. Cuire à 220 °C (th. 7-8) puis réduire la température à 180 °C (th. 6) dès que les chaussons ont monté.

Réaliser le glaçage en saupoudrant de sucre 10 minutes avant la fin de la cuisson. Remettre au four, la chaleur fera fondre le sucre en caramélisant légèrement le chausson.

CHINOIS

Préparation : 20 min - Cuisson : 35 à 40 min

50 g de raisins secs / 5 cl de rhum / 50 g de beurre / 400 g de pâte à brioche (p. 49) / 1/4 l de crème pâtissière (p. 8) / 50 g de fruits confits en cubes / 1 œuf.

Glaçage : *150 g de fondant blanc.*

Décor : *7 bigarreaux confits.*

Faire gonfler les raisins dans le rhum.

Foncer un moule à bords hauts préalablement beurré avec de la pâte à brioche étalée moyennement fine. Recouvrir le fond de crème pâtissière.

Étaler la pâte restante en un rectangle de 15 x 30 cm environ. Napper de crème pâtissière restante. Parsemer les raisins secs et les fruits confits, rouler ensuite dans la longueur pour obtenir un boudin. Découper ce boudin en tranches assez épaisses. Les déposer sur la tranche, les unes à côté des autres, sur tout le fond du moule. Faire pousser en étuve à 35-40 °C.

Enfourner dans un four préchauffé à 200 °C (th. 6-7) après avoir passé de la dorure. Cuire environ 35 minutes en surveillant la coloration. Sortir du moule et démouler.

Mettre à point le fondant en le chauffant doucement. Verser sur le chinois, étaler à la spatule et décorer de quelques bigarreaux confits et coupés en deux.

Déguster froid.

CHOUX CHANTILLY

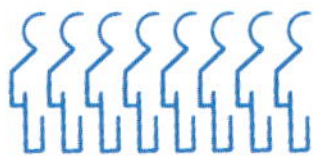

Préparation : 35 min - Cuisson : 35 à 40 min

Pâte à choux : *1/4 l d'eau / 5 g de sel fin / 10 g de sucre semoule / 65 g de beurre / 150 g de farine / 4 œufs entiers.*

Dorure : *1 œuf entier battu.*

Crème Chantilly : *60 cl de crème fraîche liquide / Extrait liquide de vanille / 50 g de sucre glace.*

Finition : *50 g de sucre glace.*

Confectionner la pâte à choux (p. 6).

Disposer la pâte dans une poche munie d'une douille unie de 10 et coucher les choux sur la plaque graissée en les espaçant pour qu'ils puissent gonfler en cuisant. Prévoir 2 choux par personne. Dorer à l'œuf battu et quadriller en écrasant légèrement avec une fourchette passée dans la dorure.

Cuire les choux à 200-210 °C (th. 7) durant 40 minutes. La fin de la cuisson sert plutôt à sécher la pâte plutôt qu'à la cuire. Surveiller la coloration et baisser à 180 °C (th. 6) la température du four.

Monter la crème liquide au fouet ou au batteur, à vitesse moyenne, avec quelques gouttes de vanille. Sucrer au sucre glace lorsque la masse est bien ferme.

Garnir les choux froids en les coupant aux deux tiers de la hauteur. Remplir de crème Chantilly à l'aide d'une poche munie d'une douille cannelée. Faire apparaître la chantilly sur 1 cm environ. Remettre les couvercles en place et saupoudrer de sucre glace.

Présenter sur un plat rond.

CONVERSATIONS

Préparation : 40 min - Cuisson : 35 à 40 min - Repos : 15 à 20 min **Pour 12 pièces**

150 g de crème frangipane (p. 9) / 350 g de pâte feuilletée (p. 5).
Glace royale : *1 blanc d'œuf / 100 g de sucre glace / Le jus d'1 citron.*

Confectionner la crème frangipane et la réserver au frais.

Préparer la glace royale : disposer le blanc d'œuf dans un bol, ajouter le sucre glace progressivement en remuant pour obtenir une pâte blanche un peu épaisse. Diluer au jus de citron goutte par goutte. Réserver.

Étendre la pâte feuilletée sur 3 mm d'épaisseur, en un rectangle régulier. Détailler 24 ronds de pâte : 12 pièces de 12 cm de diamètre et 12 pièces de 10 cm de diamètre. Foncer les moules à l'aide des ronds de 12 cm de diamètre, garnir avec la crème frangipane (la valeur d'une noix). Rabattre les bords de pâte vers l'intérieur, dorer et recouvrir d'une deuxième abaisse de 10 cm de diamètre. Piquer la surface et brosser pour ôter toute trace de farine.

Battre légèrement la glace royale pour l'alléger et recouvrir à l'aide d'un pinceau chaque conversation.

Rassembler le feuilletage restant, abaisser et préparer des bandelettes de 0,5 cm de large. Disposer sur chaque conversation 4 bandelettes en les croisant, en losange. Laisser reposer au frais 15 à 20 minutes.

Enfourner à four chaud, à 200 °C (th. 6-7), puis lorsque la pâte monte, baisser à 180 °C (th. 6) durant 20 à 25 minutes en veillant à ne pas colorer la glace royale.

À l'issue de la cuisson, démouler et refroidir sur grille.

COUQUES AUX FRUITS

Préparation : 30 min - Fermentation : 30 min - Cuisson : 30 min **Pour 10 pièces**

500 g de pâte levée-feuilletée (pâte à croissant, p. 23) / 200 g de crème frangipane (p. 9) / 1 œuf (dorure) / 20 oreillons d'abricots au sirop / 80 g d'angélique détaillée en 10 losanges / 50 g de confiture d'abricots.

Dans une abaisse de pâte, découper au couteau ou à l'emporte-pièce des carrés de 10 cm sur 10 cm. Déposer une noix de crème frangipane au centre. Dorer à l'œuf battu et rabattre deux pointes opposées vers le centre. Appuyer pour assurer la soudure. Garnir d'abricots aux extrémités. Dorer la pâte à l'aide d'un pinceau.

Assurer la pousse de la pâte à l'étuve. Dorer une troisième fois.

Disposer un losange d'angélique et cuire à 220-230 °C (th. 7-8) durant 25 à 30 minutes et baisser le four à 180 °C (th. 6) vers la fin de cuisson, en surveillant la coloration.

À la sortie du four, badigeonner de confiture d'abricots bouillante.

CROISSANTS

Préparation : 1 h - Fermentation : 2 h 30 min - Cuisson : 35 min **Pour 20 pièces**

Pâte à croissants : *500 g de farine de type 45 / 15 à 20 g de levure de bière / 10 g de sel / 50 g de sucre / 1 œuf / 3 dl de lait / 250 g de beurre.*

Pétrir la pâte à croissant en commençant par confectionner une pâte à brioche (p. 49) avec tous les éléments sauf le beurre. Bien travailler à la main ou au batteur et mettre à pousser durant 30 minutes une première fois. Travailler à la main pour rabattre et remettre au froid 10 minutes pour raffermir.

Disposer la pâte sur la table farinée. Rassembler en boule et étaler en un rectangle d'1 cm d'épaisseur. Répartir le beurre tempéré sur une moitié de l'abaisse, replier l'autre moitié de pâte sur le beurre, égaliser et fermer les bords au rouleau. Allonger la pâte pour ensuite la replier en trois comme une pâte feuilletée. Reposer à nouveau au frais puis donner ensuite deux autres tours simples, pliage en trois, avec repos au frais à chaque fois.

Façonnage des croissants : abaisser la pâte et découper deux bandes de 15 cm de large sur 4 à 5 mm environ d'épaisseur. Découper des triangles de 12 cm de base pesant environ 50 g. Rouler les triangles en débutant par la base avec la paume de la main ; ne pas appuyer.

Disposer les croissants en les cintrant en demi-lune sur la plaque et en veillant à ne pas trop les serrer. Passer la dorure et mettre à pousser en étuve tiède à 35 °C.

Sortir lorsque les croissants ont doublé de volume.

Dorer une nouvelle fois et enfourner dans un four chaud à 250 °C (th. 8-9) environ durant 15 à 20 minutes. Surveiller la coloration.

Sortir et refroidir sur grille.

CROQUEMITOUFLE AUX MIRABELLES

Préparation : 30 min - Cuisson : 40 min

Pâte : *150 g de farine fluide / 50 g de fécule de maïs / Une pincée de levure chimique / 130 g de sucre / 3 œufs / 60 g de beurre / 2 cuil. à soupe d'eau-de-vie de mirabelle.*

Garniture : *400 g de mirabelles / 50 g de farine / 50 g de fécule de maïs / 110 g de sucre / 60 g d'amandes en poudre / 100 g de beurre + 15 g de beurre (pour le moule).*

Préparer une pâte : mettre la farine et la fécule de maïs dans un saladier, ajouter la levure et le sucre, mêler le tout intimement. Faire un puits, y casser les œufs.

Faire fondre le beurre sur feu doux, le verser sur les œufs, ajouter l'eau-de-vie. Mélanger délicatement tous les ingrédients.

Beurrer un moule puis y verser la pâte.

Préparer la garniture : dénoyauter les mirabelles puis les poser sur la pâte. Mettre la farine et la fécule de maïs dans un saladier puis le sucre et la poudre d'amande. Mêler le tout. Couper en petits morceaux le beurre et l'incorporer aux autres éléments en une pâte ferme et friable. Émietter cette pâte au-dessus des mirabelles de manière à cacher complètement les fruits. Enfourner et cuire 35 minutes à 160 °C (th. 5-6) environ. Démouler et laisser refroidir avant de servir.

Avec ce genre de préparation, vous pouvez utiliser n'importe quel fruit de saison, essayer d'accorder les alcools aux fruits (pommes et calvados, kirsch et cerises…).

DANOISES À L'ABRICOT

Préparation : 30 min - Fermentation : 30 min - Cuisson : 35 à 40 min **Pour 10 pièces**

500 g de pâte levée feuilletée (pâte à croissants, p. 23) / 1 œuf (dorure) / 250 g de crème frangipane (p. 9) / 10 oreillons d'abricot au sirop / 80 g de confiture d'abricots.

Dans une abaisse de pâte danoise étalée à 4 mm, détailler à l'emporte-pièce des carrés de 10 cm x 10 cm. Passer à la dorure et disposer au centre une noix de crème frangipane. Rabattre les 4 pointes vers le centre en veillant à bien souder la pâte. Déposer une moitié d'abricot, dorer et assurer la pousse de la pâte à l'étuve.

Dorer à nouveau et mettre à cuire à four chaud, à 220 °C (th. 7-8), durant 25 à 30 minutes. Surveiller la coloration et baisser le four à 180 °C (th. 6) vers la fin de la cuisson.

Au sortir du four, badigeonner de confiture d'abricots bouillante et refroidir.

ÉCLAIRS

Préparation : 40 min - Cuisson : 40 min **Pour 16 pièces**

1/4 l de pâte à choux (p. 6) / 1 œuf (dorure) / 150 g de fondant / 40 g de cacao en poudre ou quelques gouttes d'extrait de café.

Crème pâtissière : *80 g de farine / 50 g de cacao en poudre ou quelques gouttes d'extrait de vanille ou de café / 70 cl de lait / 4 jaunes d'œufs / 160 g de sucre.*

Disposer la pâte à choux dans une poche munie d'une douille unie de 10 et coucher des bâtonnets d'une longueur de 10 cm environ sur la plaque à pâtisserie légèrement beurrée. Prévoir 2 pièces par personne. Dorer à l'œuf battu à l'aide d'un pinceau. Rayer à la fourchette trempée dans l'œuf pour donner la forme à l'éclair sans appuyer exagérément. La pâte ne doit pas être d'une épaisseur inférieure à 5 mm. Cuire à four chaud, à 220 °C (th. 7-8) durant 10 minutes puis baisser à 180 °C (th. 6) durant 30 à 35 minutes pour assurer cuisson et séchage de la pâte.

Préparer la crème pâtissière : tamiser ensemble la farine. Mettre le lait à bouillir. Rassembler dans un récipient les jaunes d'œufs, le sucre, la farine et l'arôme choisi. Remuer sans exagération. Verser dessus le lait bouillant. Fouetter et remettre à bouillir dans un récipient propre. Laisser bouillir environ 1 minute en remuant pour assurer la prise du gel et la stérilisation de l'ensemble.

Mettre à refroidir, couvert d'une fine couche de sucre glace qui empêche la surface de croûter.

Couper les éclairs en deux dans le sens de la longueur, aux deux tiers de la hauteur. Les garnir de crème pâtissière avec une poche à douille cannelée. Replacer le couvercle.

Faire chauffer le fondant sur feu doux. Ajouter au fondant le parfum choisi. Bien mélanger. Glacer les éclairs et laisser refroidir.

FAR BRETON

Préparation : 20 min - Cuisson : 35 à 40 min

250 g de farine / 150 g de sucre semoule / 6 œufs entiers battus en omelette / 2,5 cl de rhum ambré / 6 dl de lait / 125 g de raisins de Malaga / 400 g de pruneaux dénoyautés.

Mettre en fontaine la farine tamisée, le sucre. Ajouter au centre les œufs et le rhum. Délayer l'appareil en versant le lait et battre l'ensemble au fouet pour éviter la formation de grumeaux. Ajouter ensuite les raisins et les pruneaux que l'on aura auparavant mis à gonfler dans un peu de sirop de sucre au rhum.

Verser la pâte dans un plat en terre beurré puis cuire à four chaud, à 220 °C (th. 7-8) durant 10 minutes, puis baisser ensuite à 180 °C (th. 6) durant 30 minutes environ.

Le far se déguste tiède, voire chaud, après avoir été saupoudré de sucre glace.

À conseiller avec un bol de cidre brut !

FINANCIERS

Préparation : 25 min - Cuisson : 20 à 25 min

Pour 12 pièces

Chemisage des moules : *75 g d'amandes effilées / 20 g de beurre fondu.*

Pâte : *160 g de sucre / 80 g d'amandes en poudre / 100 g de farine / 4 blancs d'œufs / 80 g de beurre / Quelques gouttes de vanille liquide.*

Blanchir les amandes en les portant à ébullition dans un peu d'eau. Retirer et rafraîchir dès qu'elles sont ramollies. L'opération ne dure que quelques secondes.

Beurrer les moules au pinceau. Saupoudrer aussitôt avec les amandes effilées blanchies. Faire adhérer.

Mélanger la moitié du sucre, les amandes en poudre et la farine. Monter les blancs d'œufs en neige et les serrer avec le sucre restant. Incorporer le mélange en le versant en pluie sur les blancs. Mélanger délicatement à la spatule, en tournant l'appareil. Ajouter le beurre fondu tiède et la vanille. Mélanger toujours délicatement.

Mouler et cuire à four chaud, à 200 °C (th. 6-7), durant environ 20 minutes. La pâte doit être sèche à l'intérieur.

Démouler sur grille en retournant les moules et présenter côté amandes.

FORÊT-NOIRE

Préparation : 40 min - Cuisson : 35 à 40 min

80 g de farine / 40 g d'amidon de maïs / 1 cuil. à café de levure chimique / 50 g de cacao en poudre / 150 g de sucre semoule / 5 œufs / 60 g de beurre / 5 cl de kirsch / 50 cl de crème Chantilly / 400 g de cerises griottes dénoyautées / 50 cl de crème fraîche / 50 g de copeaux de chocolat.

Tamiser la farine avec l'amidon de maïs, la levure chimique et le cacao.

Battre le sucre avec 4 jaunes d'œufs au fouet électrique, avec 3 cuillerées à soupe d'eau, jusqu'à ce que le mélange devienne mousseux et double de volume. Verser délicatement le beurre fondu puis monter les blancs d'œufs en neige. Ajouter progressivement en incorporant délicatement le mélange farine-levure-cacao. Verser dans le moule beurré et cuire à four doux, à 180 °C (th. 6), durant 45 minutes. Vérifier la cuisson à la lame d'un couteau.

À l'issue de la cuisson, démouler et refroidir.

Couper en trois sur l'épaisseur. Imbiber la première couche de kirsch, napper d'une couche de chantilly, disposer dessus une couche de cerises, couvrir de crème Chantilly. Poser la deuxième couche de biscuit. Garnir comme la première et couvrir de la dernière couche.

Masquer l'ensemble de la forêt-noire avec de la chantilly. Réaliser les copeaux de chocolat, couvrir le dessus et les côtés, décorer de ronds de crème Chantilly à la poche à douille. Disposer quelques cerises.

Raffermir au frais et présenter sur plat.

FRAISIER

Préparation : 1 h - Cuisson : 40 min

Biscuit de Savoie : *4 œufs de 55-60 g / 125 g de sucre semoule / 125 g de farine tamisée / 60 g de beurre fondu tiède (facultatif).*

Crème mousseline : *1/2 l de lait / 4 jaunes d'œufs / 120 g de sucre / 80 g de farine / 1 gousse de vanille / 250 g de beurre / Kirsch.*

Punch : *150 g de sucre semoule / 5 cl d'eau / 5 cl d'alcool de fraise ou de framboise.*

Garniture : *500 g de belles fraises.*

Préparer un biscuit de Savoie (p. 7).

Préparer la crème mousseline (p. 9). Parfumer selon l'intensité à votre goût.

Couper le biscuit de Savoie dans l'épaisseur en deux. Puncher d'un peu de sirop de sucre aromatisé à l'alcool de fraise. Napper de crème mousseline et garnir de fraises. Reconstituer le gâteau, napper la surface et les bords de crème. Décorer de quelques belles fraises.

GALETTE AUX NOIX

Préparation : 35 min - Cuisson : 20 à 25 min

220 g de beurre / 220 g de sucre semoule / 3 œufs de 55-60 g / 200 g de poudre de noisette / 220 g de poudre de noix / 80 g de farine / 5 g de levure chimique / 5 cl d'armagnac / 150 g de fondant / Quelques cerneaux de noix.

Travailler au fouet le beurre. Ajouter le sucre semoule. Mélanger. Incorporer ensuite les œufs, la poudre de noisette et de noix puis la farine tamisée avec la levure. Aromatiser à l'armagnac.

Préparer un moule à manqué beurré. Verser la pâte et cuire à four chaud, à 180 °C (th. 6), durant 20 à 25 minutes.

Sortir et retourner le moule sur un linge. Démouler et refroidir.

Chauffer du fondant pâtissier. Verser à la surface. Lisser à la spatule puis décorer de quelques cerneaux de noix.

GALETTE DES ROIS

Préparation : 1 h - Cuisson : 40 min

500 g de pate feuilletée (p. 5) / 250 g de crème d'amandes (p. 9) / 1 fève en porcelaine ou 1 haricot / 1/2 œuf battu (dorure).

Glaçage : *100 g de sucre glace.*

Abaisser la pâte feuilletée. Découper deux cercles de 30 cm. Disposer la première abaisse sur une plaque humidifiée. Dorer le pourtour. Garnir le centre avec la crème d'amandes. Fourrer avec la fève. Recouvrir délicatement de la deuxième abaisse, souder les bords et découper éventuellement le pourtour en forme de fleur, soit avec un emporte-pièce, soit au couteau.

Dorer la surface et rayer avec la pointe d'un couteau. Chiqueter également les bords en tenant la lame verticalement et couper la pâte sur une profondeur de 2 mm de manière assez rapprochée.

Enfourner à four chaud, à 220 °C (th. 7-8) durant 10 minutes environ puis, lorsque la pâte lève, baisser la température à 180 °C (th. 6) durant 30 minutes environ.

Saupoudrer la surface de sucre glace pour assurer en même temps un glaçage de la surface par fusion du sucre.

Servir tiède ou froid.

GÂTEAU À L'ORANGE

Préparation : 45 min - Cuisson : 40 min

2 grosses oranges à jus / 120 g de beurre + 20 g pour le moule / 120 g de sucre semoule / 2 œufs de 55-60 g / 120 g de farine / 1 cuil. à café de levure chimique (5 g) / 150 g de sucre glace.
Facultatif : *100 g de fruits confits (bigarreaux, angélique, orange confite...) / 1 orange.*

Laver et prélever finement, en râpant, le zeste d'une orange. Presser le jus.

Préparer la pâte : détailler le beurre, le travailler en pommade. Incorporer le sucre semoule progressivement puis les œufs un à un. Continuer à travailler au fouet. Ajouter ensuite la farine tamisée avec la levure chimique. Mélanger puis incorporer en dernier le jus d'orange et le zeste. Verser la pâte dans un moule à manqué de 22 cm, à fond plat, beurré, et cuire à four chauffé à température moyenne, à 180 °C (th. 6), durant 30 minutes environ en vérifiant la cuisson avec la lame d'un couteau qui doit ressortir sèche.

Sortir à l'issue de la cuisson et démouler sur une grille en retournant le moule ; la vapeur décollera le gâteau.

Préparer le glaçage : presser la deuxième orange, verser progressivement le jus sur le sucre glace jusqu'à obtention d'une pâte épaisse légèrement coulante. Napper le gâteau avec une première moitié du glaçage, laisser refroidir et étaler le reste du glaçage.

Décorer alors le gâteau avec des fruits confits, des rondelles fines d'orange.

GÂTEAU AU CHOCOLAT GIANDUJA

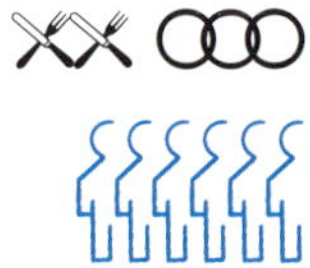

Préparation : 45 min - Cuisson : 35 min - Repos : 2 h

Biscuit : *60 g de beurre / 4 œufs / 125 g de sucre / 80 g de farine / 50 g de fécule de maïs / 3 g de levure chimique.*

Garniture : *90 g de chocolat de couverture / 120 g d'amandes effilées / 150 g de noisettes en poudre / 50 g de végétaline / 200 g de praliné / 1/2 l de crème liquide.*

Sirop au Cointreau : *1 dl d'eau / 125 g de sucre / 5 cl de Cointreau.*

Décor : *80 g de copeaux de chocolat.*

Préparer le biscuit : faire fondre le beurre. Battre les œufs entiers avec le sucre au fouet jusqu'à ce que le mélange forme le ruban (5 minutes environ). Ajouter le beurre. Ajouter en pluie la farine tamisée avec la fécule de maïs et la levure. Mélanger délicatement le tout avec une spatule. Verser la préparation dans un moule beurré et fariné et cuire à four moyen, à 180 °C (th. 6), 25 à 30 minutes.

Retirer du four. Démouler aussitôt sur une grille. Refroidir.

Préparer la garniture : mettre à fondre le chocolat au bain-marie. Griller les amandes au four. Les mettre dans le chocolat avec les noisettes. Ajouter la végétaline, le praliné. Mélanger le tout. Mettre au frais. Fouetter la crème liquide puis l'ajouter à la préparation précédente lorsqu'elle commence à prendre.

Couper horizontalement le gâteau refroidi en trois. Poser un disque sur le plat de service puis badigeonner avec le sirop. Étaler la crème au chocolat sur le premier disque puis monter ainsi le gâteau en alternant biscuit, sirop et crème. Garnir le dessus et le tour du gâteau avec la crème restante. Décorer le dessus de copeaux de chocolat.

Mettre au réfrigérateur 2 heures minimum avant de servir.

GÂTEAU AU MIEL

Préparation : 30 min - Cuisson : 45 à 50 min

30 g de sucre en poudre / 4 œufs de 55-60 g / 180 g de miel / 50 g de sucre roux / Quelques gouttes de vanille liquide / 100 g de mie de pain / 100 g de noix hachées.

Garnir un moule à savarin ou à brioche de 22 cm de diamètre de papier sulfurisé. Graisser et saupoudrer de sucre semoule.

Clarifier les jaunes d'œufs et réserver les blancs.

Chauffer le miel au bain-marie. Ajouter les jaunes d'œufs et le sucre et battre ensuite jusqu'à ce que l'ensemble soit mousseux et léger. Aromatiser de quelques gouttes d'extrait de vanille. Ajouter la mie de pain hachée et les noix.

Battre les blancs d'œufs en neige ferme. Les incorporer délicatement dans la composition. Verser ensuite l'ensemble dans le moule. Enfourner à four moyen, à 180 °C (th. 6) durant 50 minutes. Le gâteau doit gonfler et dorer. Vérifier la cuisson à l'aide d'une lame de couteau.

À l'issue de la cuisson, sortir, retourner sur une grille et démouler. Refroidir.

Présenter ce gâteau avec une saucière de crème fraîche nature ou légèrement fouettée.

Se déguste avec du thé au citron.

GÂTEAU AUX GROSEILLES

Préparation : 30 min - Cuisson : 35 à 40 min

750 g de groseilles à maquereau / 2 jaunes d'œufs / 60 g de beurre / 60 g de chapelure / 50 g de sucre en poudre / 400 g de pâte feuilletée (p. 5).

Mettre les groseilles dans un récipient. Chauffer et cuire quelques minutes. Passer au mixer puis au chinois pour éliminer les peaux et les pépins. Recueillir la pulpe. Ajouter les jaunes d'œufs, le beurre, la chapelure, et sucrer selon votre goût.

Foncer un moule à tarte de 22 cm de diamètre en laissant largement déborder la pâte. Garnir de la préparation aux groseilles, recouvrir en rabattant les bords et en veillant à redonner sa forme régulière.

Sucrer le dessus au sucre semoule, cuire au four à 180 °C (th. 6), durant 35 à 40 minutes en surveillant la coloration.

GÂTEAU CAROTTE

Préparation : 15 min - Cuisson : 45 min

1 orange / 1 citron / 80 g de raisins secs / 2 cl de rhum / 125 g de beurre ramolli / 125 g de cassonade / 3 œufs / 1 bon bol de carottes râpées très finement / Noix de muscade / 150 g de farine / 1 cuil. à café de levure chimique / Sucre glace.

Râper la moitié du zeste de l'orange et du citron.

Faire gonfler les raisins dans le rhum.

Mettre le beurre ramolli dans une jatte, ajouter la cassonade. Mélanger. Ajouter les œufs un à un.

Égoutter les raisins, les sécher à l'aide d'un papier absorbant puis les mettre dans la jatte ainsi que les carottes, les zestes d'orange et de citron. Râper un peu de noix de muscade. Mêler le tout. Ajouter la farine et la levure. Bien mélanger.

Verser la pâte dans un moule beurré et fariné. Enfourner en bas du four. Cuire environ 40 minutes à 200 °C (th. 6-7). Vérifier la cuisson, prolonger si besoin.

Démouler. Laisser refroidir puis saupoudrer de sucre glace.

Vous pouvez accompagner ce gâteau d'une crème anglaise.

GÂTEAU CARNAVAL

Préparation : 40 min - Cuisson : 1 h

2 pommes acidulées / 1 citron / 125 g de beurre / 310 g de sucre / 2 œufs / 3 cuil. à soupe de lait / 2 bananes / 240 g de farine / 1 cuil. à café de levure / Une pincée de sel / 1 cuil. à café de cannelle / 1 cuil. à café d'extrait de vanille / Sucre glace.

Éplucher les pommes, les arroser avec le jus de citron afin qu'elles ne noircissent pas. Les couper en dés puis les faire cuire dans une casserole jusqu'à obtenir une compote. Laisser refroidir.

Travailler le beurre et le sucre dans une jatte puis ajouter les œufs battus en omelette. Ajouter le lait. Bien mélanger.

Éplucher et écraser les bananes, les incorporer en alternance avec la farine dans la préparation. Mettre la levure, le sel, la cannelle et la vanille puis la compote de pommes. Mélanger le tout.

Verser dans un moule beurré. Cuire à four moyen, à 160 °C (th. 5-6), pendant 1 heure.

Servir froid, saupoudré de sucre glace.

GÂTEAU D'ANNIVERSAIRE

Préparation : 1 h 30 min - Cuisson : 45 à 50 min

Crème de garniture : *4 feuilles de gélatine / 30 cl de crème fraîche liquide / 300 g de sucre semoule / 5 œufs / 60 g de farine / 1 dl de Grand Marnier / 75 g de poudre d'amande / 80 g de cacao / 250 g de pulpe de fraise.*

600 g de pâte feuilletée au beurre (p. 5).

Meringue italienne : *4 blancs d'œufs / 250 g de sucre / 1 dl d'eau.*

Finition : *100 g de chocolat noir.*

Tremper les feuilles de gélatine à l'eau froide.

Préparer la crème : chauffer la crème liquide. À part, mélanger 200 g de sucre et les jaunes d'œufs, blanchir au fouet. Ajouter la farine, verser la crème fraîche bouillante sur le mélange, adjoindre les feuilles de gélatine essorées et pressées. Dissoudre et bouillir 1 minute sur le feu. Réserver.

Monter les blancs d'œufs en neige très ferme au batteur électrique. Les serrer à la fin avec le sucre restant. Incorporer à la crème et parfumer avec le Grand Marnier ; ne pas trop détendre et refroidir vivement.

Abaisser le feuilletage sur 4 mm d'épaisseur. Découper 4 ronds de 22 cm de diamètre, piquer et cuire à four chaud, à 220 °C (th. 7-8), durant 10 minutes, puis à 180 °C (th. 6) durant 35 minutes pour bien sécher la pâte et rendre le feuilletage bien croustillant. Refroidir au terme de la cuisson.

Séparer la crème bien refroidie en trois parties. Aromatiser chacune avec un parfum différent : la poudre d'amande, le cacao, la pulpe de fraise. Ne pas trop travailler les compositions, maintenir assez ferme.

Montage du gâteau : disposer 3 ronds de feuilletage sur les 4 réalisés. Napper chaque rond de crème différente. Assembler le gâteau en montant par couches. Terminer par la dernière abaisse de feuilletage.

Décorer avec la meringue italienne, napper et lisser sur le dessus et autour. Agrémenter de quelques pointes de meringue, à la poche. Passer au gril très chaud pour solidifier le blanc et colorer très légèrement.

Faire fondre le chocolat au bain-marie. Confectionner un cornet en papier et écrire sur le gâteau « *Joyeux Anniversaire* ».

Agrémenter de quelques bougies colorées fichées sur des supports représentant des chiffres.

Joyeux
Anniversaire

GÉNOISE AU CHOCOLAT

Préparation : 20 min - Cuisson : 25 min

Génoise : *100 g de chocolat noir / 40 g de beurre / 4 œufs de 55-60 g / 125 g de sucre / 95 g de farine / 1 cuil. à soupe de cacao.*

Décoration : *125 g de marmelade d'abricots / 150 g de chocolat « pâtissier » / 5 cl de crème fluide.*

Faire fondre doucement au bain-marie le chocolat cassé en morceaux avec le beurre. Séparer les blancs des jaunes d'œufs. Mélanger le sucre avec les jaunes d'œufs au fouet, le mélange devient crémeux. Monter les blancs d'œufs en neige ferme. Mélanger une partie de la neige au mélange jaunes-sucre, ajouter la farine et le cacao en mélangeant délicatement, puis le reste des blancs en neige. Remplir le moule et cuire 25 minutes environ à 180 °C (th. 6). Démouler après cuisson. Laisser refroidir.

Couper la génoise en deux puis la napper de marmelade d'abricots.

Casser le chocolat pâtissier en morceaux, les mettre avec la crème dans une casserole. Faire fondre doucement au bain-marie en remuant avec une spatule. Napper la génoise avec ce mélange. Lisser avec la spatule.

Mettre au frais en bas du réfrigérateur.

ÎLE FLOTTANTE

Préparation : 25 min - Cuisson : 30 min

6 blancs d'œufs / 6 cuil. à soupe de sucre en poudre / 6 cuil. à soupe de poudre d'amande / Caramel liquide.

Crème d'accompagnement : *3 verres de lait concentré sucré / Vanille en poudre ou liquide / 1 œuf / 1 cuil. à soupe de fécule de maïs / Extrait de café.*

Préparer l'île flottante : battre les blancs d'œufs en neige très ferme, ajouter le sucre et la poudre d'amande.

Enduire le moule de caramel. Verser l'appareil dans le moule. Cuire 30 minutes au bain-marie ; ne pas laisser bouillir. Démouler une fois refroidi.

Préparer la crème : faire bouillir la moitié du lait sucré et vanillé. Mettre dans un grand bol le reste de lait concentré, l'œuf, puis délayer dedans la fécule de maïs. Bien mélanger le tout puis verser dans le lait bouillant en tournant pendant 5 minutes environ. La crème s'épaissit. Ajouter quelques gouttes d'extrait de café pour aromatiser ou un autre parfum de votre choix.

Verser la crème autour de l'île flottante.

Servir le tout bien frais.

JALOUSIE

Préparation : 45 min - Cuisson : 40 min

500 g de pâte feuilletée (p. 5) / 1 œuf battu (dorure) / 1/4 l de crème pâtissière (p. 8) ou 250 g de confiture au choix (fraises, mirabelles, abricots) ou 250 g de crème d'amandes / Sucre glace.

Abaisser la pâte feuilletée en un rectangle de 26 cm sur 30 cm, sur 3 cm d'épaisseur. Couper l'abaisse en deux rectangles dans la longueur, de largeur légèrement inégale : un de 12 cm et l'autre de 14 cm. Poser le rectangle le moins large sur une plaque et dorer la surface. Garnir le centre de la garniture choisie, en laissant un espace libre à 2 cm du pourtour.

Fariner et plier la deuxième abaisse en deux sur la longueur (soit un rectangle de 7 cm sur 30 cm), entailler côté pliure le centre de la pâte au couteau, en bandes d'1 cm de large et en laissant environ 1,5 cm de côté du bord. Déplier, ôter la farine, dorer côté intérieur et poser l'abaisse dépliée sur la garniture et la pâte. Appuyer sur tout le tour pour faire adhérer la pâte et souder les deux abaisses, ce qui empêchera la garniture de couler. Cuire durant 40 minutes environ à four chaud, à 220 °C (th. 7-8), baisser à 200 °C (th. 6-7) lorsque la pâte gonfle et monte.

Sortir la jalousie à ce moment et saupoudrer abondamment de sucre glace. Enfourner. Cela formera le glaçage par fusion du sucre à la chaleur.

KOUGELHOPF

Préparation : 40 min - Cuisson : 40 à 50 min - Repos : 1 h

25 g de levure de bière / 20 cl de lait / 500 g de farine / 100 g de raisins de Malaga / 120 g d'écorces d'orange et de citron confits / 10 g de sel / 80 g de sucre / 3 œufs / 250 g de beurre / 80 g d'amandes brutes / Sucre glace.

Préparer le levain en délayant la levure dans 5 à 8 cl de lait tiède puis adjoindre à environ 50 g de farine pour en faire une pâte molle. Travailler quelques instants à la main pour donner du corps puis entreposer dans un récipient recouvert d'un linge humide. Mettre à pousser à chaleur modérée : 35 °C environ, jusqu'à ce que le levain double de volume.

Tremper les raisins dans de l'eau pour les faire gonfler.

Détailler les fruits confits en cubes et réserver.

Rassembler dans un récipient le reste des ingrédients : la farine, le sel, le sucre en fontaine puis, au milieu, les œufs battus et le reste du lait. Mélanger le tout en incorporant progressivement la farine puis battre la pâte à la main durant quelques minutes pour lui donner du corps (l'opération est facilitée si l'on dispose d'un petit batteur mélangeur électrique). Ajouter progressivement le beurre préalablement travaillé en pommade, continuer de battre jusqu'à ce que la pâte se décolle aisément des mains.

Incorporer le levain et rassembler la préparation, lui adjoindre les raisins égouttés et les fruits confits.

Préparer et beurrer grassement un moule en terre cuite à kougelhopf. Disposer les amandes contre le fond du moule. Verser la pâte, couvrir du linge et faire lever à chaleur appropriée durant environ 1 heure. La pâte double de volume et arrive près du bord du moule.

Cuire à four moyen, à 180 °C (th. 6), en surveillant la coloration : la pâte cuite est sèche sur la lame d'un couteau que l'on pique dans le gâteau.

Sortir du four. Retourner le moule, démouler et refroidir.

Servir saupoudré de sucre glace.

JAPONAIS AU CHOCOLAT

Préparation : 40 min - Cuisson : 45 min

120 g d'amandes en poudre / 120 g de noisettes en poudre / 250 g de sucre glace / 50 g de farine / 8 blancs d'œufs / 250 g de sucre semoule.

Garniture : *300 g de chocolat noir / 2 dl de crème fraîche / 5 cl de kirsch.*

Décor : *30 g de sucre glace / 30 g de cacao.*

Mélanger et tamiser ensemble les amandes en poudre, les noisettes en poudre, le sucre glace et la farine.

Monter les blancs en neige ferme, les serrer avec le sucre semoule. Mélanger délicatement l'ensemble en versant petit à petit les ingrédients en pluie sur les blancs.

Coucher, à la poche à douille, 16 ronds de 10 cm de diamètre sur une plaque beurrée et farinée. Cuire à four moyen, à 160 °C (th. 5-6), durant 15 minutes. Sortir et refroidir.

Garniture : découper le chocolat en morceaux, disposer dans un récipient. Faire bouillir la crème fraîche, la verser bouillante sur le chocolat. Remuer au fouet. Aromatiser au kirsch et refroidir.

Montage : garnir 8 fonds d'appareil au chocolat dressé en rosace à la poche à douille cannelée, poser dessus un autre fond. À l'aide d'un cache en papier, masquer la moitié du gâteau et saupoudrer de sucre glace puis masquer cette fois le sucre glace et saupoudrer de cacao.

MILLEFEUILLE

Préparation : 1 h 30 min - Cuisson : 45 à 50 min - Repos : 30 min

Crème pâtissière : *70 cl de lait / 180 g de sucre / 80 g de farine / 3 œufs / Quelques gouttes de vanille liquide.*

800 g de pâte feuilletée (p. 5).

Décors : *50 g de confiture d'abricots / 30 g de chocolat noir / 150 g de fondant / 150 g d'amandes hachées grillées.*

Confectionner la crème pâtissière (p. 8) et refroidir.

Abaisser la pâte feuilletée en un rectangle de 75 cm sur 26 cm, sur 3 cm d'épaisseur. Découper 3 cercles de 24 cm de diamètre et disposer sur une plaque à pâtisserie légèrement humidifiée. Piquer soigneusement à l'aide d'une fourchette et laisser reposer au frais durant 20 à 30 minutes.

Cuire à four chaud à 220 °C (th. 7-8) pendant 35 à 40 minutes puis, lorsque la pâte gonfle, réduire à 200 °C (th. 6-7). À mi-cuisson, retourner l'abaisse et réenfourner aussitôt afin de finir la cuisson.

Faire refroidir bien à plat sur une grille, avec précaution.

Monter le millefeuille : garnir le premier disque de crème pâtissière, napper équitablement, lisser, poser dessus le second disque, répartir le reste de crème pâtissière, couvrir du dernier disque, appuyer légèrement sur l'ensemble pour bien souder le tout.

Napper au pinceau le dessus du gâteau de confiture d'abricots bouillante. Chauffer le chocolat doucement au bain-marie pour le faire fondre.

Confectionner avec du papier sulfurisé un cornet : détailler un rectangle de 20 cm sur 12 cm. Plier en deux en diagonale pour obtenir 2 triangles rectangles, couper au couteau et séparer les deux parties. Enrouler le papier de manière approprié pour obtenir un cornet. Rabattre l'angle supérieur.

Préparer le fondant : mettre dans une casserole le fondant, chauffer doucement au bain-marie pour le ramollir et le rendre lisse en le travaillant, ajouter un tout petit peu d'eau au fur et à mesure pour obtenir une pâte nappante mais pas trop liquide. Attention à ne pas trop chauffer car le fondant perd son brillant (température maximale : 38 à 40 °C).

Garnir le cornet avec le chocolat chaud. Couper la pointe avec une paire de ciseaux.

Verser le fondant à point sur le millefeuille et étaler sur toute la surface avec une palette. Déposer en spirale, depuis le centre, un filet de chocolat. Rayer rapidement avec un petit couteau du centre vers l'extérieur, puis de l'extérieur vers le centre.

Prendre le millefeuille dans la main et appliquer sur le côté les amandes grillées. Appuyer légèrement pour faire adhérer.

Dresser sur un plat rond et présenter.

MENDIANT

Préparation : 20 min - Cuisson : 50 min

6 petits pains au lait / 1/2 l de lait / 100 g de sucre en poudre / 4 œufs / 5 cl de calvados / 4 g de cannelle en poudre / 800 g de pommes / 1 sachet de sucre vanillé / Sucre glace.

Décroûter les petits pains, les découper en morceaux dans un saladier. Verser dessus le lait bouillant, laisser imbiber et mélanger à la spatule jusqu'à obtention d'une pâte épaisse, sans morceaux apparents.

Ajouter le sucre, les œufs, le calvados et un peu de cannelle.

Éplucher, épépiner et couper les pommes en quartiers.

Verser une partie de la pâte dans un moule à manqué beurré. Couvrir avec les quartiers de pomme, saupoudrer du reste de cannelle et de sucre vanillé. Recouvrir du reste de pâte. Cuire à four moyen, à 180 °C (th. 6), durant 50 minutes environ.

Sortir du four, retourner le moule sur un plat. Laisser démouler et refroidir. Au moment de déguster, saupourer d'un peu de sucre glace.

Il est possible de servir de la crème anglaise avec ce gâteau ou un peu de crème fraîche sucrée.

Il peut se faire aussi avec d'autres fruits : cerises croquantes dénoyautées, poires pochées au préalable dans un sirop de sucre...

MOKA

Préparation : 1 h - Cuisson : 35 à 40 min

Génoise : *4 œufs de 55-60 g / 125 g de sucre semoule / 125 g de farine tamisée.*

Préparation du moule : *20 g de beurre fondu / 20 g de farine.*

Crème au beurre au café : *15 cl de lait / 3 jaunes d'œufs / 180 g de sucre / Quelques gouttes d'extrait de café liquide ou 10 g de café soluble / 220 g de beurre.*

Sirop : *50 g de sucre / 10 cl d'eau / 1 cl d'eau de fleur d'oranger.*

Décors : *120 g d'amandes effilées ou hachées.*

Confectionner la pâte à génoise (p. 6) et la cuire à four doux, à 160 °C (th. 5-6), durant 35 à 40 minutes. S'assurer de la cuisson lorsque la pâte se rétracte du bord du moule et si une lame de couteau ressort sèche.

Préparer la crème au beurre au café : préparer une crème anglaise avec le lait, les jaunes d'œufs et le sucre. Parfumer selon l'intensité de votre goût au café et refroidir. Battre le beurre en pommade au fouet et l'incorporer progressivement à la crème anglaise bien froide.

Lorsque la génoise est cuite, retirer du four. Démouler en retournant le moule sur une grille et laisser refroidir. La vapeur du gâteau décolle le moule sans difficulté.

Couper ensuite en deux dans l'épaisseur, puncher d'un peu de sirop de sucre aromatisé à l'eau de fleur d'oranger, napper de crème au beurre au café. Reconstituer le gâteau et napper la surface et les bords de crème. Décorer le dessus en rayant avec les crans d'un couteau-scie, disposer des pointes de crème au beurre à l'aide d'une poche à douille cannelée. Répartir harmonieusement ce décor qui doit rester simple et léger. Éviter de surcharger.

Garnir les bords du moka d'amandes effilées ou hachées grillées.

Disposer sur un plat, refroidir pour bien figer la crème au beurre et servir.

MOULINS À VENT

Préparation : 40 min - Cuisson : 35 min

500 g de pâte feuilletée (p. 5) / 1 œuf (dorure).
Garniture : *1/4 l de crème frangipane (p. 9).*
Décors : *Fruits confits / 50 g de confiture d'abricots.*

Dans une abaisse de 3 mm d'épaisseur, découper des carrés de 13 cm sur 13 cm.

À partir de chaque pointe, couper dans les diagonales sans aller jusqu'au centre. Dorer à l'œuf. Garnir le centre d'une noix de crème frangipane en utilisant une petite douille unie. Rabattre vers le centre une pointe sur deux et recouvrir la garniture centrale. Appuyer légèrement pour souder, dorer et disposer au centre un rond de feuilletage. Dorer et agrémenter de fruits confits (bigarreaux...).

Laisser reposer quelques minutes au froid puis cuire à 220 °C (th. 7-8).

Napper de confiture d'abricots bouillante dès le refroidissement.

OPÉRA

Préparation : 1 h - Cuisson : 35 à 40 min

Biscuit : *100 g de pâte d'amandes blanche crue / 6 œufs / 125 g de sucre semoule / 175 g de farine / 50 g de beurre / Sirop de sucre.*

Ganache : *350 g de chocolat noir « pâtissier » / 1/4 l de crème liquide.*

Crème au beurre : *6 jaunes d'œufs / 300 g de beurre / 250 g de sucre / Extrait de café.*

Ramollir la pâte d'amandes avec les œufs et monter ensuite au batteur électrique avec le sucre. La préparation mousse, gonfle et épaissit, emprisonnant de l'air. Adjoindre délicatement à la spatule la farine en pluie puis le beurre fondu. Verser dans un moule carré ou rectangulaire et cuire à four doux, à 180 °C (th. 6) durant 35 minutes.

Préparer la ganache : hacher le chocolat, mettre dans une casserole. Chauffer la crème liquide et la verser bouillante sur le chocolat. Remuer au fouet et rendre la préparation lisse et bien homogène.

Préparer la crème au beurre : clarifier les jaunes d'œufs, travailler le beurre en pommade. Dans une casserole, mettre à bouillir le sucre et 5 cl d'eau, concentrer le sirop jusqu'à la cuisson « au boulé ». Verser le sucre en un filet continu sur les jaunes d'œufs en fouettant vivement pour obtenir une crème homogène et lisse. Refroidir complètement toujours en fouettant. Verser alors sur le beurre en remuant à la spatule. Mélanger pour obtenir une crème sans grumeaux ni bulles d'air importantes. Parfumer au café et réserver.

Sortir la génoise du four, démouler. Refroidir complètement sous risque de faire fondre la crème au beurre. Couper les bords qui sont colorés. Détailler en trois. Imbiber chaque disque de sirop de sucre. Étendre une petite partie de la ganache. Appliquer la seconde moitié du biscuit. Étaler la crème au beurre puis déposer le dernier disque de pâte.

Réchauffer légèrement le reste de ganache. Glacer l'entremets, lisser. Écrire OPÉRA au cornet et mettre au froid.

Couper à angle droit les bords au couteau afin de faire apparaître les couches de biscuit et la couche de crème.

PAIN DE GÊNES

Préparation : 35 min - Cuisson : 35 à 40 min

70 g de beurre / 5 œufs / 120 g d'amandes en poudre / 120 g de sucre semoule / 50 g de farine / 30 g d'amidon de maïs / 2 g de levure en poudre.

Faire fondre le beurre doucement. Beurrer un moule de 26 cm de diamètre ou deux moules de 16 cm de diamètre. Garnir le fond d'un papier sulfurisé découpé aux dimensions. Fariner les côtés.

Dans un grand saladier, mettre 2 œufs entiers et 1 jaune. Mélanger. Ajouter les amandes et le sucre puis adjoindre la farine, la levure et l'amidon de maïs tamisés ensemble. Mélanger à la spatule pour obtenir un appareil homogène.

Monter les 3 blancs d'œufs en neige ferme et les incorporer délicatement dans la préparation. Terminer par le beurre fondu (ne pas mettre le petit-lait).

Garnir le moule et cuire à four doux, à 190 °C (th. 6-7) durant 35 minutes environ.

Démouler aussitôt la cuisson achevée. Refroidir.

Ôter le papier, saupoudrer de sucre glace.

PARIS-BREST

Préparation : 45 min - Cuisson : 35 à 40 min

1/4 l de pâte à choux (p. 6) / 1 œuf (dorure) / 80 g d'amandes effilées / Sucre glace.
Garniture : *1/4 l de crème mousseline (p. 9) / 70 g de pralin.*

Remplir une poche à douille munie d'une douille unie de 8 à 10 mm de pâte à choux. Sur une plaque à pâtisserie, coucher à la poche une couronne régulière de 18 cm de diamètre. Coucher une seconde couronne à l'extérieur, contre la première, puis enfin disposer une troisième couronne sur les deux premières, à cheval. Dorer à l'œuf battu et rayer à la fourchette. Écraser légèrement pour bien souder les trois couronnes et parsemer d'amandes effilées sur le dessus uniquement. Cuire à four chaud, à 220 °C (th. 7-8), durant 10 minutes, le temps que la pâte lève, puis à 200 °C (th. 6-7) pour cuire et sécher la pâte sans trop colorer.

Confectionner la crème mousseline. Ajouter à la deuxième partie du beurre 70 g de pralin. Mélanger au fouet. Réserver au frais.

Prendre les couronnes froides, les couper en deux. Garnir la partie inférieure de crème mousseline pralinée à l'aide d'une poche munie d'une douille cannelée de 10, soit en forme d'arabesque soit en forme de vagues, et donner aussi du volume. Recouvrir avec le dessus de la couronne. On doit voir apparaître la crème sur quelques centimètres. Faire raffermir au froid.

Saupoudrer de sucre glace. Présenter sur plat rond.

BRIOCHE AU SUCRE

Préparation : 1 h - Levée de la pâte : 2 à 3 h - Cuisson : 35 min

Brioche : *400 g de farine / 75 g de sucre semoule / 8 g de sel fin / 25 g de levure de boulanger / 1,5 dl de lait / 2 œufs / 75 g de beurre.*

Garniture : *50 g de beurre / 100 g de sucre en poudre / 150 g d'amandes en poudre / 1 œuf / 30 g de raisins secs.*

Décor : *1 jaune d'œuf / 50 g de sucre candi.*

Disposer la farine en fontaine dans un saladier, ajouter sur les bords le sucre et le sel.

Délayer la levure dans le lait. Verser dans la fontaine. Ajouter les œufs et mélanger les ingrédients en incorporant progressivement la farine. Former une pâte ferme, bien la battre. Lorsqu'elle se détache bien du récipient, couvrir et laisser pousser dans un endroit tiède pour doubler environ le volume.

Ajouter alors le beurre en pommade et réserver à nouveau au chaud.

Préparer les ingrédients de la garniture : travailler le beurre en pommade, ajouter le sucre puis les amandes et l'œuf. Mélanger. Ajouter enfin les raisins secs.

Abaisser la pâte au rouleau, partager en deux rectangles. Garnir chaque rectangle de garniture puis rouler en forme de boudin. Enlacer les deux rouleaux en les torsadant et déposer sur une plaque en forme de couronne. Dorer à l'œuf battu. Mettre à pousser. Dorer à nouveau. Parsemer de sucre candi réduit en petits morceaux et cuire à four moyen, à 180 °C (th. 6), durant environ 35 minutes.

Sortir. Refroidir et présenter sur un plat rond.

PETITS PAINS AU CHOCOLAT

Préparation : 15 min - Pousse : 1 h - Cuisson : 20 min **Pour 15 pièces**

500 g de pâte à croissants (p. 23) / 1 œuf (dorure) / 30 petites barres de 5 g de chocolat.

Abaisser la pâte à croissants et détailler des rectangles de 15 cm sur 15 cm. Dorer à l'œuf. Disposer, à quelques centimètres l'une de l'autre, 2 barres de chocolat. Enrouler et poser les petits pains sur une plaque beurrée. Mettre à pousser dans un endroit approprié pour assurer le développement de la pâte.

Dorer à l'œuf et enfourner à four chaud, à 250 °C (th. 8-9) jusqu'à ce que la pâte gonfle, puis réduire à 200 °C (th. 6-7) durant 15 minutes.

La pâte à croissants est une pâte à brioche dont l'adjonction de beurre s'effectue comme dans une pâte feuilletée.

PETITS PAINS AUX RAISINS

Préparation : 25 min - Repos : 1 h - Cuisson : 25 min **Pour 10 pièces**

50 g de raisins secs / 5 cl de rhum / 250 g de pâte à brioche (p. 49) / 100 g de crème pâtissière (p. 8).

Glaçage au sucre :*100 g de sucre glace / 2 cl de rhum.*

Faire gonfler les raisins dans de l'eau bouillante. Égoutter et faire macérer dans le rhum.

Étaler la pâte en un rectangle de 30 cm sur 15 cm. Enduire de la crème pâtissière fouettée puis disperser les raisins à la surface. Commencer à enrouler pour obtenir un boudin assez serré. Détailler alors 10 rondelles de 3 cm environ de poids égal. Poser les tranches sur une plaque beurrée et farinée et laisser pousser dans un endroit tiède pour assurer le développement de la pâte à brioche. Cuire à four chaud, à 220 °C (th. 7-8), jusqu'à ce que la pâte gonfle et réduire à 200 °C (th. 6-7) durant 25 minutes.

Confectionner le glaçage à l'eau en mélangeant le sucre glace avec le rhum et une goutte d'eau. Obtenir une pâte pas trop liquide. Appliquer au pinceau sur la surface des pains aux raisins. Renouveler l'opération lorsqu'ils sont froids.

PROFITEROLES AU CHOCOLAT

Préparation : 40 min - Cuisson : 40 min

1/4 l de pâte à choux (p. 6) / 1 œuf (dorure).

Sauce chocolat : *350 g de chocolat noir dit pâtissier / 1 dl de lait / 1,5 dl de crème fraîche liquide.*

Garniture : *3 dl de crème fraîche liquide / 50 g de sucre glace / Quelques gouttes de vanille liquide.*

Mettre la pâte à choux dans une poche munie d'une douille unie de 8 à 10. Disposer les choux de la taille d'une petite noix sur une plaque à pâtisserie. Dorer et rayer à la fourchette et enfourner à four chaud, à 200 °C (th. 6-7) durant 35 à 40 minutes.

Baisser la température, lorsque la pâte gonfle, à 180 °C (th. 6), ce qui assure la cuisson, le dessèchement, et évite la coloration trop poussée. Éliminer les vapeurs de cuisson en entrouvant la porte du four vers la fin de la cuisson. Sortir les choux et refroidir.

Préparer la sauce chocolat : détailler en petits morceaux le chocolat noir. Mettre à fondre au bain-marie. Verser dessus le mélange lait et crème fraîche bouillant. Remuer vivement au fouet pour rendre la préparation lisse et homogène. Réserver au bain-marie.

Monter la crème en Chantilly. Sucrer et disposer dans une poche munie d'une douille cannelée.

Prendre les choux, les ouvrir aux deux tiers de la hauteur au couteau et les garnir de crème Chantilly. Refermer le couvercle.

Pour chaque personne, dresser les profiteroles sur une assiette en forme de monticule. Napper de sauce chocolat à l'aide d'une cuillère. Servir tiède ou froid.

Les profiteroles se préparent comme les choux, seule leur taille varie.

Prévoir 6 petits choux par personne.

Les profiteroles peuvent se garnir de différentes préparations :

– crème pâtissière au kirsch, au Grand Marnier, au Cointreau, à la vanille…

– de chantilly aux fruits, avec morceaux de fraises, d'ananas, de poire, de framboise…

– de crème glacée : vanille, plombières…

PROGRÈS

Préparation : 30 min - Cuisson : 45 à 50 min

30 g de beurre / 20 g de farine / 6 blancs d'œufs / 30 g de sucre semoule / 150 g de sucre glace / 120 g de poudre d'amande / 40 g d'amandes effilées / 1/2 l de garniture au choix.

Graisser au beurre fondu et fariner une feuille de papier sulfurisé et disposer sur une plaque à pâtisserie.

Monter les blancs d'œufs en neige ferme au batteur électrique et les serrer avec le sucre semoule. Incorporer délicatement, à la spatule, le sucre glace et la poudre d'amande mélangés. Coucher 3 fonds en spirale bien ronde sur le papier à l'aide d'une poche munie d'un douille unie de 10. Saupoudrer d'amandes effilées et cuire aussitôt, à four doux, à 160 °C (th. 5-6), durant 40 à 45 minutes. Sécher sans coloration.

À l'issue de la cuisson, sortir et refroidir.

Garnir le premier fond de progrès d'une garniture de votre choix : crème mousseline, crème mousseline aux fruits confits, crème frangipane, crème Chantilly parfumée au chocolat par adjonction de cacao, crème Chantilly parfumée au café par adjonction de café soluble, crème chiboust… et recouvrir d'un autre fond. Répéter l'opération. Bien lisser les bords et saupoudrer de sucre glace.

Dresser sur plat et présenter.

QUATRE-QUARTS AUX POMMES

Préparation : 40 min - Cuisson : 35 à 40 min

600 g de pommes (golden ou reinette) / 1 citron / 200 g de beurre / 200 g de sucre semoule / 4 œufs de 50 g / 200 g de farine / 5 g de levure chimique / Vanille en poudre / Cannelle / Sucre glace.

Éplucher les pommes. Les évider au vide-pomme et les citronner pour empêcher qu'elles ne noircissent.

Travailler le beurre en pommade onctueuse au fouet dans un saladier. Ajouter le sucre. Mélanger. Incorporer les œufs un par un puis la farine tamisée avec la levure chimique. Mélanger alors à la spatule. Parfumer à la vanille en poudre.

Garnir un moule à bords hauts légèrement beurré et fariné, d'une première couche. Disposer les pommes coupées en demis ou en quarts. Saupoudrer d'un peu de cannelle et couvrir avec le reste de pâte. Cuire à four moyen, à 180 °C (th. 6) durant 35 à 40 minutes.

Sortir du four lorsque la pâte est cuite et sèche. Saupoudrer de sucre glace et présenter sur un plat.

RELIGIEUSES

Préparation : 40 min - Cuisson : 35 à 40 min

1/4 l de pâte à choux (p. 6) / 1 œuf (dorure) / 75 cl de crème pâtissière (p. 8) / 150 g de fondant / 150 g de crème au beurre.

Coucher sur une plaque à pâtisserie, à la poche, 8 gros choux de taille identique et 8 petits choux, environ le tiers des gros. Dorer à l'œuf et rayer les pièces à la fourchette.

Enfourner à four chaud, à 200 °C pendant 35 à 40 minutes. Baisser la température, lorsque la pâte gonfle, à 180 °C (th. 6), ce qui assure la cuisson, le dessèchement, et évite la coloration trop poussée. Différencier la cuisson des gros choux et des petits. Éliminer les vapeurs de cuisson en entrouvrant la porte du four vers la fin de la cuisson.

Sortir les choux et les refroidir.

Confectionner la crème pâtissière et la refroidir.

Garnir les choux en les perçant à la base. Remplir de crème pâtissière à la poche à douille.

Préparer le fondant : mettre dans une casserole le fondant, chauffer doucement au bain-marie pour le ramollir et le rendre lisse en le travaillant. Ajouter un tout petit peu d'eau au fur et à mesure pour obtenir une pâte nappante mais pas liquide. Attention à ne pas trop chauffer car le fondant perd son brillant (température maximale : 38 à 40 °C.).

Glacer les choux : tremper le bout rond de chaque chou dans le fondant jusqu'au tiers de sa hauteur environ, en commençant par les petits. Retirer et corner l'excédent avec le doigt. Poser les petits choux sur les gros. Le fondant encore tiède assure la cohésion.

Remplir une poche munie d'une petite douille cannelée de crème au beurre. Déposer autour du petit chou une couronne de crème puis, en levant la poche, faire adhérer comme des flammes courtes. Disposer une petite pointe de crème en rosace sur le dessus du petit chou.

Mettre à rafraîchir au froid.

Présenter sur un plat.

SACHER

Préparation : 40 min - Cuisson : 1 h

Génoise au chocolat : *4 œufs de 55-60 g / 125 g de sucre / 40 g de beurre / 60 g de farine / 40 g de fécule / 1 cuil. à soupe de cacao.*

Crème ganache : *800 g de chocolat noir pâtissier à 43 % de cacao / 60 cl de crème fraîche liquide.*

Sirop de sucre : *60 g de sucre semoule / 1 dl d'eau / 8 cl de rhum.*

Garniture : *1 boîte 4/4 d'oreillons de pêche au sirop.*

Décor : *150 g de chocolat au lait.*

Confectionner une génoise au chocolat (p. 38). Cuire à plat, sur une feuille de papier sulfurisé beurrée.

Préparer la ganache : détailler le chocolat au couteau. Disposer dans un récipient. Faire bouillir la crème et verser sur le chocolat. Mélanger au fouet pour assurer la fusion et l'homogénéisation. À l'issue de la cuisson de la génoise, refroidir et découper 6 ronds de 16 cm.

Puncher au sirop de sucre parfumé au rhum.

Disposer dans un cercle métallique de pâtissier de 3 cm de haut un premier cercle. Recouvrir d'une couche de ganache. Disposer un nouveau rond de génoise. Étendre une fine couche de ganache froide et légèrement solidifiée. Veiller à bien garnir le bord. Puis disposer des oreillons de pêche au sirop égouttés. Garnir les interstices d'une couche de ganache et recouvrir à nouveau du troisième rond de génoise chocolat. Imbiber de sirop et masquer de crème ganache. Monter le deuxième gâteau avec le reste des préparations. Placer au froid pour durcir.

Démouler et disposer sur une grille.

Tiédir le reste de ganache au bain-marie et verser sur le gâteau Sacher. Lisser net à la spatule. Refroidir pour figer le chocolat.

À l'aide d'un cornet en papier sulfurisé ou d'une petite douille unie, écrire à la surface le mot SACHER à l'aide de chocolat au lait fondu pour différencier les teintes.

SAINT-HONORÉ

Préparation : 50 min - Cuisson : 50 min

Pâte à choux : *1 dl d'eau / 40 g de beurre / Une pincée de sel / Une pincée de sucre semoule / 60 g de farine / 2 œufs.*

200 g de pâte sablée (p. 4) / 1 œuf (dorure).

Garniture : *1/4 l de crème pâtissière vanille (p. 8) / 1/4 l de crème chiboust (p. 8).*

Caramel : *150 g de sucre / 50 g d'eau.*

Confectionner la pâte à choux (p. 6).

Préparer le fond du Saint-Honoré : étaler la pâte sablée sur 4 mm d'épaisseur et découper un disque de 22 cm de diamètre. Poser sur la plaque à pâtisserie et piquer à la fourchette. Sur le pourtour, dorer et dresser une couronne en pâte à choux. Dorer. Coucher sur la plaque une quinzaine de choux à l'aide d'une poche munie d'une douille unie de 10. Dorer, rayer à la fourchette. Cuire 35 à 40 minutes à four chaud, à 220 °C (th. 7-8), jusqu'à ce que la pâte gonfle, puis réduire à 200 °C (th. 6-7) pour sécher la pâte et ne pas trop colorer. Sortir du four et refroidir à l'issue de la cuisson.

Garnir les petits choux de crème pâtissière froide.

Confectionner un caramel et glacer les choux au caramel en trempant le bout arrondi dans le caramel chaud. Poser sur la table et refroidir. Recommencer l'opération en trempant la base et fixer au fur et à mesure sur la couronne de pâte à choux du fond, les uns à côté des autres. Garnir ainsi toute la couronne.

Garnir le centre du Saint-Honoré de crème chiboust froide. Décorer en dessinant des stries ou bien garnir en confectionnant des quenelles de crème à l'aide de deux cuillères.

Rafraîchir au froid et servir dressé sur un plat rond.

SAVARIN

Préparation : 1 h 15 min - Cuisson : 30 à 35 min - Repos : 40 min

Pâte à savarin : *220 g de farine / 5 g de sel fin / 25 g de sucre semoule / 15 g de levure de bière / 2 œufs / 90 g de beurre fondu tiède.*

Sirop de sucre : *250 g de sucre semoule / Quelques gouttes d'eau de fleur d'oranger / 1 dl d'alcool ou de liqueur.*

150 g de confiture d'abricots.

Tamiser et mettre la farine en fontaine dans un grand saladier. Disposer sur la partie extérieure le sel et le sucre. Ajouter la levure de bière délayée dans 10 cl d'eau tiède et les œufs dans la fontaine. Délayer doucement la farine, les œufs et la levure dans un premier temps, puis progressivement incorporer toute la farine, le sucre et le sel. Battre vigoureusement avec la main en soulevant la masse et donner ainsi le plus de corps possible à la pâte. Elle est prête lorsqu'elle se détache du récipient et ne colle plus à la main. Rassembler en boule, ajouter le beurre fondu, bien l'incorporer et couvrir le récipient d'un linge humide. Laisser pousser dans un endroit tiède durant 40 minutes environ.

Garnir un moule à savarin de 24 cm de diamètre.

Cuire le savarin au four à 200 °C (th. 6-7). S'assurer de la cuisson lorsque le bord est détaché du moule. Démouler sur grille.

Confectionner un sirop de sucre avec 1/2 l d'eau. Ajouter l'alcool de votre choix. Imbiber le savarin. Lustrer à la confiture d'abricots tiède. Décorer selon votre goût et servir.

STRUDEL AUX POMMES ET AUX NOIX

Préparation : 1 h - Cuisson : 40 min

Pâte à strudel : *250 g de farine / 5 g de sel / 2 jaunes d'œufs / 8 cl d'huile.*

Garniture : *150 g de mie de pain / 80 g de cerneaux de noix / 800 g de pommes / 50 g de raisins secs / 120 g de beurre / Cannelle en poudre / 50 g de sucre semoule / Le zeste râpé d'1 citron / 30 g de sucre glace.*

Confectionner la pâte à strudel : mixer au batteur la farine, le sel, les jaunes d'œufs, 5 cl d'huile et 12 cl d'eau tiède jusqu'à ce que la boule de pâte se détache des parois. Travailler à la main pour la rendre élastique. Badigeonner du reste d'huile au pinceau et laisser reposer sous un linge humidifié.

Préparer la garniture : émietter finement le pain de mie.

Faire fondre 60 g de beurre et faire colorer et dorer à feu doux la mie de pain.

Hacher les noix. Couper les pommes en gros quartiers. Faire gonfler les raisins secs dans de l'eau chaude.

Étaler la pâte le plus finement possible sur une surface farinée. Étirer délicatement à la main en travaillant un seul côté à la fois jusqu'à ce que la pâte soit aussi fine que du papier et la badigeonner de beurre fondu. Recouvrir de mie de pain. Étaler une couche de pommes au centre en laissant une marge de 2 cm sur les bords. Saupoudrer de cannelle, de sucre. Ajouter les raisins égouttés, le zeste de citron râpé. Replier un morceau de pate sur la garniture puis rouler le strudel dans le sens de la longueur.

Soulever le strudel et le disposer sur une plaque à four beurrée de façon à ce que la fermeture soit positionnée dessous.

Badigeonner la surface de beurre fondu. Enfourner et cuire à four chaud à 180 °C (th. 6) durant 40 minutes environ.

Servir tiède, saupoudré de sucre glace.

Peut s'accompagner d'une crème anglaise, d'un coulis de fruits ou d'un sabayon.

SUÉDOIS

Préparation : 1 h - Cuisson : 40 min

600 g de pommes de terre / 150 g de beurre / 80 g de sucre semoule / 120 g de raisins de Corinthe / 125 g de farine / 2 g de quatre-épices / 3 œufs / 15 cl de lait / Sucre vanillé / Sucre glace.

Pour le moule : *30 g de beurre / 150 g d'amandes ou arachides ou noisettes hachées.*

Cuire les pommes de terre à l'eau, sans sel. Les tenir légèrement fermes. Les égoutter, les sécher à l'entrée du four pour éliminer l'humidité et les écraser au moulin avec le beurre. Ajouter dans la purée obtenue les différents ingrédients. Lier avec l'œuf. Obtenir une pâte souple. Détendre avec le lait si besoin est.

Verser dans un moule à manqué de 22 cm de diamètre grassement beurré et chemisé d'amandes ou de noisettes hachées. Cuire à four moyen, à 180 °C (th. 6) durant 40 à 45 minutes. S'assurer de la tenue du gâteau.

Saupoudrer le dessus de sucre vanillé et passer au gril pour caraméliser.

Sortir et saupoudrer de sucre glace.

Accompagner ce gâteau de crème fraîche liquide ou de coulis de fruits.

TABLE DES RECETTES

Dépôt légal 3e trim. 1997 n° 2 343

Photos : SAEP / J.-L. SYREN et V. MORITZ

Imprimé en C.E.E.